Norbert-Bertrand Barbe

SÉMIOLOGIE ESTHÉTIQUE DU BIEN ET DU MAL

SOMMAIRE

"Je l'ai dit, je penche vers la tombe: chagrins, infirmités, misères m'y poussent activement; vous ne pouvez retarder ce grand oeuvre de la nature; abandonnez-moi, je ne suis pas fait pour marcher avec les hommes, je les hais et je les fuis; je les sers cependant, parce que je suis homme moimême, et qu'en les servant je les rêve meilleurs qu'ils ne sont."[1]

---

[1]Alexandre Dumas, *Joseph Balsamo*, Paris, Lévy Frères, 1872, T. IV, "*CIII La loge de la rue Plâtrière*", p. 124. "*Abandonadme, pues, orque no he nacido para caminar con los á quienes aborrezco y de quienes huyo: sin embargo, les sirvo porque tambien yo soy hombre, y porque sirviéndoles los creo mejores que lo que son.*" (*Memorias de un Médico*, Madrid, P. Madoz y A. Sagasti, 1847, T. IX, p. 193)

Le Bien

Nous mettrons comme préface au présent travail l'excellent article *"Bien"* du *Diccionario de Filosofía* de José Ferrater Mora (Barcelona, Ariel, 1994).

Il est notable que le principe de prédominance du représentant du Bien sur le représentant du Mal dans les narrations, tant traditionnelles qu'actuelles, ait toujours été mis en œuvre. Ainsi, les contes et certaines religions (en particulier sumériennes et bibliques) fournissent un matériau fondamental pour conforter une telle constatation.

Sans doute, on peut alléguer, pour expliquer ce phénomène, les valeurs esthétiques, donc axiologiques, de l'interconnexion entre le Bien, le Bon et le Beau, et à la réflexion physiognomonique qui en découle sur l'identité entre la Beauté concrètement et les bonnes valeurs (les belles personnes sont bonnes, les laides sont mauvaises). On évoquera aussi l'inévitable auto-représentation du Moi dans l'expression de valeurs personnelles de plus grande intensité et de meilleure justification que la pensée publique. Étudiée par Walter Benjamin, cette théorisation pré-romantique et romantique des phénomènes de perception (voir le débat ouvert par Hegel dans *Croire et Savoir*), renvoie obligatoirement aux caractéristiques narratologiques de l'identité abordées par Paul Ricoeur dans ses œuvres (en particulier dans les trois volumes du

Temps et Récit[2]), quand il écrit qu'un récit nous devient plus intelligible s'il s'exprime à partir de l'expérience biographique du personnage. En d'autres termes, c'est probablement dans la valeur de la mêmeté (identité par représentations successives, c'est-à-dire reproductibilité, dans le temps d'un même personnage et/ou du Moi), plutôt que d'ipséité (identité avec soi-même, intériorité inséparable de l'Être), que réside la fonction

---

[2]Cf. aussi *Sí mismo como otro*, 1990, Madrid, Siglo XXI, 1996, note 1 p. 307.

normative de reconnaissance de l'action comme positive ou négative, et ses modes consécutifs de jugement par le destinataire. Prenons des exemples concrets: la séquence de déracinement, le parcours implicitement initiatique, l'épreuve et le retour du héros des contes, reproduit sans l'exprimer les rituels de passage des classes d'âge pubères dans les sociétés traditionnelles. Les amis fous des protagonistes des films d'amour (*Notting Hill*, 1999, Roger Michell), les couples inadéquats rencontrés avant de trouver le bon, motif récurrent de ces productions, sont premièrement l'expression même de ces retrouvailles, quand elle se produit finalement, entre le héros et son autre Moi, et d'autre part la confirmation que le Moi se définit par opposition à des comportements négatifs moqués par la figure du *juste milieu* (modérateur, mesure) et *ejemplum* du personnage principal.

Le juste est la forme ultime par laquelle s'exprime le

rétributif de l'auto-représentation du Moi, lequel peut être collectif. Ainsi Salomon, image du Cakravartin hindou (roi, à la fois juge divin et guerrier), comme le roi français Saint-Louis, ou le juge aveugle de Bow Street, figure, comme les *Dix Commandements* bibliques ou les nombreux prophètes de l'*Ancien Testament*, cette limite normative du représentant suprême, indéfinissable parce qu'au bout du compte évocateur de la personne même qui le décrit. Lorsque je me pose face au problème de la justice, je ne vois rien d'autre que mon propre reflet et je n'affronte que ma propre résolution devant mon hypothétique affaire. Ainsi le postule Hume dans *An Enquiry Concerning the Principles of Morals* (1751), le confirment les travaux de Kelsen sur le "*droit pur*", ainsi que ceux de Marvin Harris[3] en sociologie, et l'analyse de Noam Chomsky sur les antagonistes nord-américains à la guerre du Vietnam, qui ne s'interrogèrent

---

[3]Marvin Harris, *Jefes, cabecillas y abusones*, Madrid, Alianza, 1993.

jamais sur la raison ou la validité de cette guerre, mais déploraient la mort de jeunes soldats états-uniens en territoire étranger, discours apparaît similaire dans le cas actuel de la seconde guerre du Golfe. Une similaire pensée réductrice sur l'Autre est celle de Tzvetan Todorov dans *La Conquête de l'Amérique - La question de l'Autre* (Paris, Seuil, 1982-1983), quand il postule que les Américains furent conquis à cause de leur incapacité à se mettre dans la rôle de l'Autre, alors que les

Européens, à travers les guerres de religion, si pouvaient le faire.

En raison de cette valeur d'autodétermination du discours du victorieux, les narrations, jamais ou très rarement faits par les perdants, trouvent toujours que le Bien triomphe du Mal et du Démon. Nous le voyons dans tous les récits de la Seconde Guerre Mondiale. L'ennemi est toujours un sauvage à civiliser. Curieusement, les raisons de la participation des États-Unis dans la Seconde Guerre

Mondiale, les actions états-uniennes avec la bombe atomique, le maccarthisme, l'action française en Algérie, la mise en place de dictateurs depuis le Premier Monde, ont toujours été réécrites à partir de la position du dominant. Sont révélateurs de cela les films: *Hotel Rwanda* (2004) de Terry George, de même thème qu'*Un dimanche à Kigali* (2006) de Robert Favreau, ainsi que *The Last King of Scotland* de Kevin Macdonald, et *Blood Diamond* d'Edgard Zwick, tous deux de 2006. Le Nicaragua somociste semblait beaucoup mieux du point de vue états-unien, comme le confirme la célèbre chanson *"Managua is a beautifull town"* du film *Le Troisième Homme* (1949) de Carol Reed évoquée par Sergio Ramírez[4].

Jung, définissant la perpétuelle et nécessaire victoire de l'*Animus* sur l'*Anima* dans la psyché humaine, fait également référence à ce processus du Moi dans sa recherche de libération et de

---

[4]Dans son article *"Lo que bien amas, permanece"*, *El Nuevo Diario*, 13/6/2002.

prise en charge de soi. La pensée du pouvoir de Nietzsche dans *Par-delà le bien et le mal. Prélude d'une philosophie de l'avenir* (*Jenseits von Gut und Böse - Vorspiel einer Philosophie der Zukunft*, 1886), ayant des échos chez Kelsen et Jung, évoque cette interdépendance du système de survie du Moi pour se sublimer, au détriment de ce qui l'empêche de se propager.

Ainsi, au-delà de la question de savoir si le Bien est une valeur en soi ou une valeur relative (voir les deux types de Bien selon Aristote, *Eth. Nich.*, I 1, 1094-1118: Bien pur et simple, et Bien pour quelqu'un ou pour quelque chose, et pour les scolastiques qui l'ont suivi: *bonum simpliciter* ou *bonum per se*, et le *bonum secundum quid, bonum cui, bonum per accidens*), le Bien apparaît comme une valeur surdéterminée du point de vue de celui qui se le pose, le Bien s'il n'apparente pas toujours la valeur du Bien par et/ou pour moi, s'évalue cependant toujours à partir de la position de celui qui le donne ou le reçoit, et, au moins, de (l'individu ou la société) qui le pense, selon les déterminations antérieures à cette pensée (voir les différences d'approches sur l'avortement en Europe, où le droit de la femme est assumé et celui de l'enfant à naître est répudié, et en Amérique, où est affirmée l'existence potentielle dès l'acte de procréation). De là sans aucun doute le concept d'"*être bien*".

Le Mal

On considère généralement que le Bien n'existe pas sans le Mal, fait vérifiable dans les religions manichéennes, comme les trois grandes monothéistes actuelles, mais pas dans les autres religions, comme on le voit en révisant les mythologies anciennes[5]. Ainsi, dans les légendes gréco-romaines,

[5]Bernard Teyssèdre, *Naissance du Diable de Babylone aux grottes de la mer Morte*, París, Albin Michel, 1985; Gérald Messadié, *Histoire générale du Diable*, París, Laffont, 1993.

comme dans le voyage d'Ulysse, le héros subit les attaques d'envie de chaque dieu spécifique, lequel ne représente jamais le Mal absolu, mais le mal relatif, en train de se faire ou de se créer dans l'esprit jaloux de l'être divin. L'histoire de Job est en cela similaire aux mythes, implicitement mentionnée au début du *Faust* de Goethe pour cette même valeur de pacte entre deux entités opposées mais complémentaires qui seraient Dieu et le Diable. Dans *Huis-clos* (27 mai 1944) de

Jean-Paul Sartre, c'est l'absence d'un mal absolu et la présence d'un mal relatif, psychologique, qui perturbe les trois protagonistes.

Ainsi, dans la plupart des religions, le Mal n'est pas présenté comme absolu, mais déterminé par une action, principe de rétribution analysé dans le domaine économique et juridique par Hans Kelsen. Ainsi le symbole juif de la fausse doctrine ne se conçoit pas sans la contrepartie qui le définit et le rend nécessaire: la nouvelle doctrine testamentaire christique; la prohibition biblique d'avoir une relation avec une femme menstruée implique des espaces de temps (en dehors des menstruations) dans lesquels il est permis d'avoir une relation avec elle, en même temps qu'elle instauret (impliquant ce statut) l'homme (sans période d'impureté prohibitive) comme propriétaire du moment de la copulation; l'homosexualité, encore interdite jusqu'à récemment dans nos sociétés, et encore dans certaines régions, était acceptée dans le monde antique, interdit était que le maître ayant une relation avec un jeune homme ait le rôle passif, rôle passif qui est encore aujourd'hui identifié faussement avec le fait d'être homosexuel et provoque son interdiction morale dans la société machiste contemporaine, en tant qu'abandon par l'homme de son rôle de commandement (voir l'opinion commune que sont acceptables les homosexuels qui ne se présentent pas comme efféminés ou travestis).

Ainsi, nous pouvons alléguer que ce n'est pas le Bien qui a besoin du Mal comme contrepartie pour s'exprimer, mais le Mal qui s'évoque à travers le Bien. Sans mesure du bien, il est probable que le mal à son tour manquât de mesure. Sartre faisant donc bien de dire que "*l'enfer, c'est le paradis en creux*". Les approches sociales antérieures qui limitent le champ de l'interdit et du permis (manger du porc, copuler pendant les menstruations, torturer pour connaître la vérité et punir, brûler pour rédimer, scarifier ou stigmatiser pour élever, manger son ennemi et/ou même jusqu'à son totem comme d'une certaine manière c'est aussi le cas dans l'Eucharistie) sont elles qui valident ou annulent la valeur de mauvaiseté des faits (péchés ou actes interdits) en soi. Est connu le paradoxe qui fait un crime de tuer son voisin en temps de paix, tandis que le tuer en temps de guerre devient héroïque.

Comprendre le Mal comme le mauvais implique de

comprendre le Bien comme le bon, selon notre travail antérieur sur le thème. Comprendre le Mal (absolu par définition) comme le mauvais (limité au champ de l'expérience du dégoût et de la souffrance individuelle) signifie de se le représenter à partir du champ de l'expérimentation. Là où il semble que le mauvais, comme la douleur de la brûlure, s'expérimente en dehors de toute relation avec le bon, on se rend compte que c'est en fait à partir de l'expérience du bon que le mauvais peut être reconnu: l'évolution humaine est théoriquement basée sur l'aversion pour la souffrance et la recherche du plaisir maximum. Ainsi, dans une société où la valeur de l'enfance n'est pas perçue, il est peu probable que se pose la mauvaiseté du travail des enfants. Nous devons nous être approprié de la connaissance de la valeur de l'époque de l'enfance pour pouvoir nous-mêmes assumer l'intolérable de la situation des enfants travailleurs. Il doit y avoir des enfants qui ne travaillent pas que l'on puisse comprendre la souffrance de ceux qui, si, travaillent.

Si la réaction courante face à un accident est de regarder, si *El Mercurio* peut exister et si si les canards sanglants (la "*red-top*" ou "*noticia roja*") est le fonds de commerce des journaux, c'est qu'il n'y a pas d'identité absolue entre la connaissance de sa propre souffrance et la reconnaissance de la souffrance d'autrui. C'est donc dans l'expérimentation de l'approche de l'altérité que tout commence bien. Alors que le

Mal agit à partir de la connaissance du Bien (même une douleur répétée engourdit le corps et le rend insensible), le Bien même si en de rares occasions (comme dans l'expérience innée de l'allaitement maternel) ne nécessite pas d'expérience préalable pour se trouver.

Au niveau narratologique, nous voyons comment s'exprime l'expérience du mauvais, tant dans la littérature que dans les films fantastiques et d'horreur: c'est, comme le postule Roger Caillois, dans une situation ordinaire, que surgit soudain l'inattendu, l'effroi. De même, c'est à partir de l'axiologie bourgeoise que le romantisme baudelairien et décadent favorisa sa réponse de contre-valeurs aux normes préétablies.

Par conséquent, nous pouvons induire que, bien que le bon (allaiter) et le mauvais (se brûler) soient des sentiments qui n'ont peut-être pas besoin de comparaison pour être mis en œuvre, bon et mauvais se sachant de manière innée (je sais que j'aime l'odeur des roses parce qu'en la percevoir elle me plaît, je sais que je n'aime pas l'amertume car elle a un goût désagréable), dans le domaine culturel le Bien comme bon (non comme construction sociale) nous apparaît comme se définissant par et à partir de lui-même, tandis que le Mal en tant que mauvais (mais aussi en tant qu'objet social) s'exprime toujours en référence au Bien. Des exemples de cela sont: le sentiment de plaisir que me produit d'être avec ma bien-aimée. Je peux le reconnaître sans avoir auparavant ressenti son absence. À l'inverse, pour pouvoir souffrir de son absence, je dois l'avoir préalablement connue. C'est l'exemple bien connu de l'arbre qui tombe dans la jungle sans que personne ne connaisse son existence: il ne tombe pour personne, c'est-à-dire qu'il ne manquera à personne. De même, c'est un fait psychologique connu que quelqu'un qui a un mauvais modèle familial est incapable de s'en rendre compte, car précisément il n'a pas l'expérience d'un autre modèle alternatif, et ce n'est qu'en connaissant d'autres modèles meilleurs et plus favorables qu'il peut identifier les lacunes du sien propre.

L'antérieur signifie donc aussi qu'il n'y a pas de bien qui soit indispensable, mais il y a des maux qui sont constitutifs de l'expérience du bien, conformément au dicton populaire: *"No hay mal que por bien no venga"*.

Le Mal ne peut être déduit que de valeurs positives qui nous fournissent sa compréhension comparative: il n'y a pas de mal dans la mythologie ancienne qui vienne des dieux quand ils ne sentaient pas les effets de la jalousie et de l'envie. La prétention de connaître le Bien à partir de ses contre-valeurs (comme dans le cas cité dans notre travail précédent des déviants rencontrés dans les rendez-vous à l'aveugle [*blind dates*] dans les films romantiques états-uniens) est le produit d'une société manichéenne qui définit ses valeurs en les entourant du haut mur de ses prohibitions préalables (le Mal encadrant et mettant en évidence les valeurs antérieures établies par une société: l'évoqué Juif comme représentant de la fausse religion, Saddam Hussein symbole de Satan dans *Hot Shots! Part Deux*, 1993, de Jim Abrahams, et *South Park*). C'est pourquoi aussi bien les artistes rococo que ceux de l'Illustration, en particulier le marquis de Sade, se sont consacrés à briser ce modèle et à ouvrir la voie à une reconnaissance non duelle, sans ambiguïté, et non coupable, de la simple jouissance (Bien absolu, libre de contrepartie basée sur des prohibitions: Mal/limitations du droit, par contemplation de contre-valeurs).

À partir de Freud (*Malaise dans la civilisation*, 1930) et Herbert Marcuse (*Éros et Civilisation*, 1953), et les exemples par nous précédemment proposés, nous pouvons affirmer que le Bien est inné (allaitement maternel) et ne nécessite pas de contre-valeurs. Le Mal, pour sa part, vient toujours de l'expérimentation (brûlure), rapportée à un autre état antérieur, de bien-être absolu. Il en va ainsi, au niveau génétique et biologique, du bébé dans son premier cri, par peur, froid et faim. Aussi le bébé quand il apprend à percevoir la rupture irrémédiable entre le Moi et le monde environnant, principe central, perceptif, de toute philosophie. Ainsi de même l'expérimentation de l'enfant dans la société animale autant qu'humaine, où il doit affronter les autres pour mesurer ses propres forces, apprendre à les connaître et se placer cannibalement dans son groupe. La même idée du retard et du coût du Bien, impliquée depuis, dans et par une souffrance (*Psaum.*, 39, 1, 4, 17: "*J'avais mis en l'Éternel mon espérance; Et il s'est incliné vers moi, il a écouté mes cris./.../ Il a mis dans ma bouche un cantique nouveau,.../.../ Moi, je suis pauvre et indigent; Mais le Seigneur pense à moi. Tu es mon aide et mon libérateur:*

Mon Dieu, ne tarde pas!"[6]; *Hebr.*, 12, 2: "ayant les regards sur Jésus, le chef et le consommateur de la foi, qui, en vue de la joie qui lui était réservée, a souffert la croix, méprisé l'ignominie, et s'est assis à la droite du trône de Dieu.."[7]; *Luc.*, 12, 50: " *Il est un baptême dont je dois être baptisé, et combien il me tarde*

---

[6] https://www.info-bible.org/lsg/19.Psaumes.html#40
[7] https://www.info-bible.org/lsg/58.Hebreux.html#12; cf. plus généralement *Hébr.*, 12, 1-4.

qu'il soit accompli!"[8]), confirme notre approche de la situation comparative du Mal par rapport au Bien, et de l'exigence rétributive, dans une axiologie de limitation, du Bien considéré à partir du champ du Mal.

Le Mal s'encadre dans un système moral général (le Bien) qui le définit.

---

[8]https://www.info-bible.org/lsg/42.Luc.html#12; cf. plus généralement *Luc*, 12, 49-53.

www.ingramcontent.com/pod-product-compliance
Lightning Source LLC
Chambersburg PA
CBHW051133250726
48655CB00007B/3046